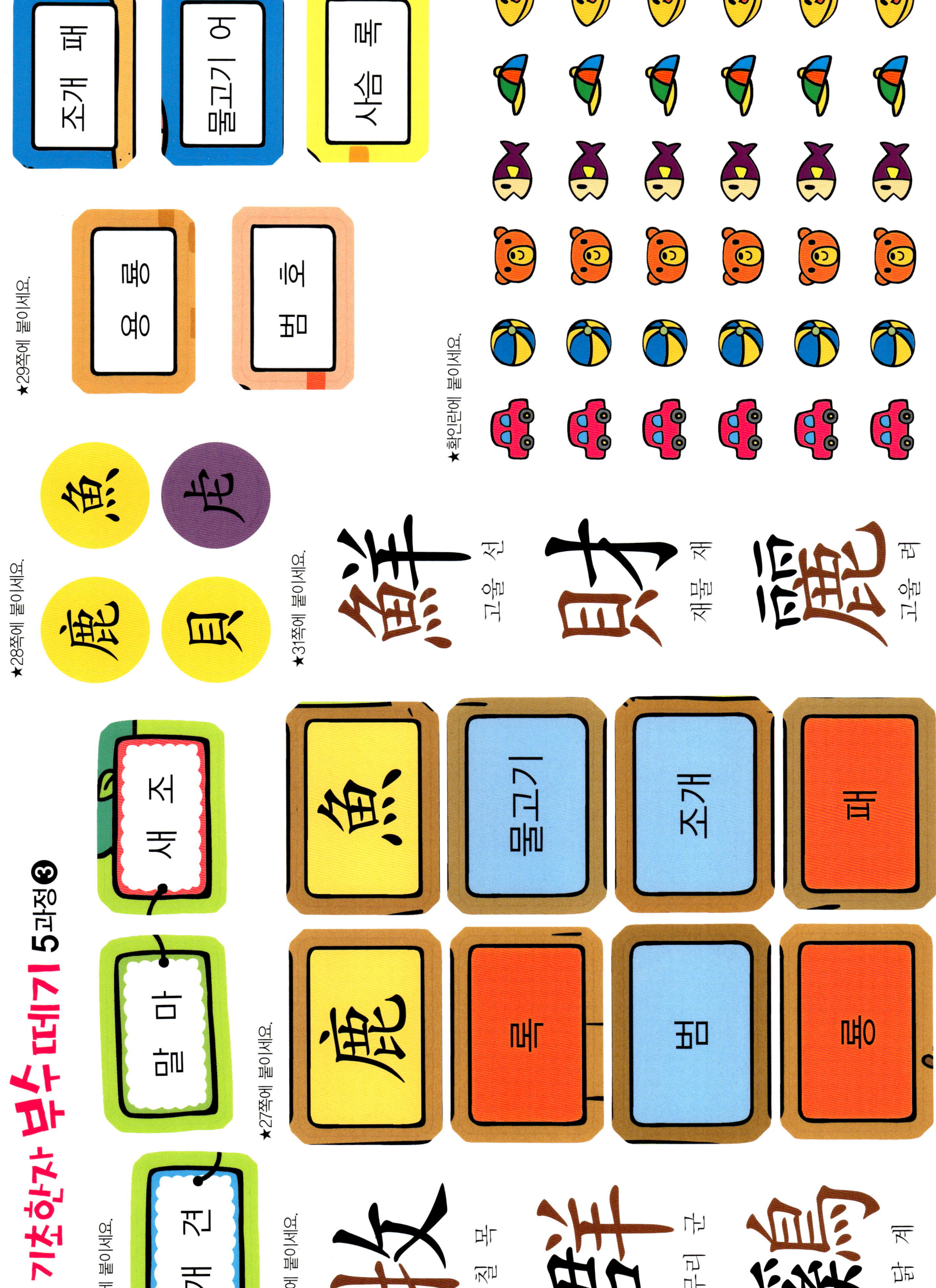

犬, 牛 알아보기

엄마와 함께 하루에 한 장씩

| 월 | 일 | 이름 | 확인 |

❓에 알맞은 스티커를 붙인 뒤 犬, 牛를 알아보세요.

犬, 牛 자석한자

월	일	이름	확인

엄마와 함께 하루에 한 장씩!

?에 알맞은 스티커를 붙이고, 한자의 뜻과 소리를 따라 쓰세요.

'牛'는 뿔이 난 소의 모양을 본떠 만든 한자예요.

뜻	소리

牛

'犬'은 옆을 보고 있는 개의 모양을 본떠 만든 한자예요.

뜻	소리

犬

犬, 牛 필순익히기

犬, 牛를 순서대로 따라 쓰세요.

犬 개 견

一 ナ 大 犬

牛 소 우

ノ ㄴ 二 牛

엄마와 함께 하루에 한 장씩

월 일 이름

확인

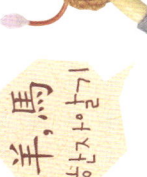

羊, 馬 한자놀이

? 에 알맞은 스티커를 붙인 뒤 羊, 馬를 알아보세요.

월	일 이름	확인

엄마와 함께 하루에 한 장씩

羊, 馬 자원한자

월	일	이름	확인

엄마와 함께 하루에 한 장씩

❓에 알맞은 스티커를 붙이고, 한자의 뜻과 소리를 따라 쓰세요.

'馬'는 말의 모양을 본떠 만든 한자예요.

'羊'은 양의 머리 모양을 본떠 만든 한자예요.

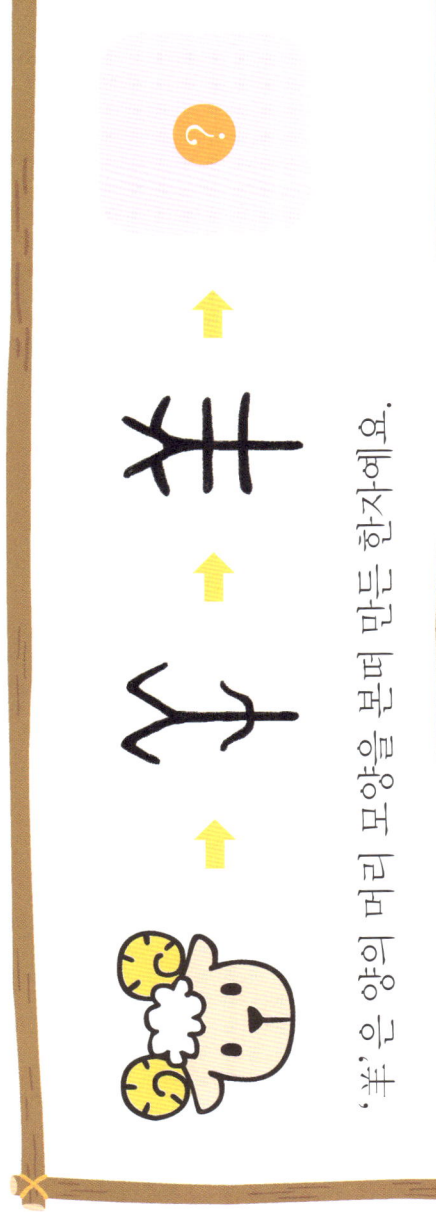

뜻	소리

馬

뜻	소리

羊

羊, 馬 따라쓰기

羊, 馬를 순서대로 따라 쓰세요.

羊 양양

丶 丶 宀 亠 亖 圭 羊

馬 말마

㇐ ㇄ ㇒ ㇒ 馬 馬 馬 馬 馬 馬

特(말 마)의 필순은 ㅣㄱㄷㅌ馬馬馬馬馬馬로 쓰이기도 합니다.

엄마와 함께 하루에 한 장씩!

월   일   이름   확인

8

엄마와 함께 하루에 한 장씩

| 확인 | 일 이름 | 일 | 월 |

엄마못은 스티커를 붙인 뒤 鳥, 鹿을 알아보세요.

사슴 鹿

새 鳥

鳥, 鹿
한자 놀이

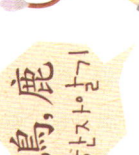

鳥, 鹿 익히기

밑줄을 색칠하고 鳥, 鹿이 쓰인 이야기를 읽어 보세요.

"나는야, 숲 속 최고 멋쟁이."
사슴(鹿)이 말해요.
"나는야, 숲 속 최고 가수."
새(鳥)가 말해요.
사슴(鹿)은 으쓱으쓱 뿔을 뽐내요.
새(鳥)는 조르릉 조르릉 목소리를 뽐내요.

| 월 | 일 | 이름 |

월	일	이름	확인

엄마와 함께 하루에 한 장씩!

鳥, 鹿 자원학습

?에 알맞은 스티커를 붙이고, 한자의 뜻과 소리를 따라 쓰세요.

'鹿'은 사슴의 모양을 본떠 만든 한자예요.

'鳥'는 새의 모양을 본떠 만든 한자예요.

뜻	소리

뜻	소리

11

鳥, 鹿

鳥, 鹿을 순서대로 따라 쓰세요.

鳥 새 조

ノ 冂 冂 冂 皀 皀 鳥 鳥 鳥

鹿 사슴 록

一 广 广 户 庐 庐 庐 鹿 鹿

虎, 龍
호랑이, 용

엄마와 함께 하루에 한 장씩!

| 월 | 일 | 이름 | 확인 |

❓ 예 알맞은 스티커를 붙인 뒤 虎, 龍을 알아보세요.

용

호랑이

虎, 龍 자원 원리

엄마와 함께 하루에 한 장씩

월	일	일 이름	확인

?에 알맞은 스티커를 붙이고, 한자의 뜻과 소리를 따라 쓰세요.

'龍'은 용의 모양을 본떠 만든 한자예요.

뜻	소리
용	용

龍

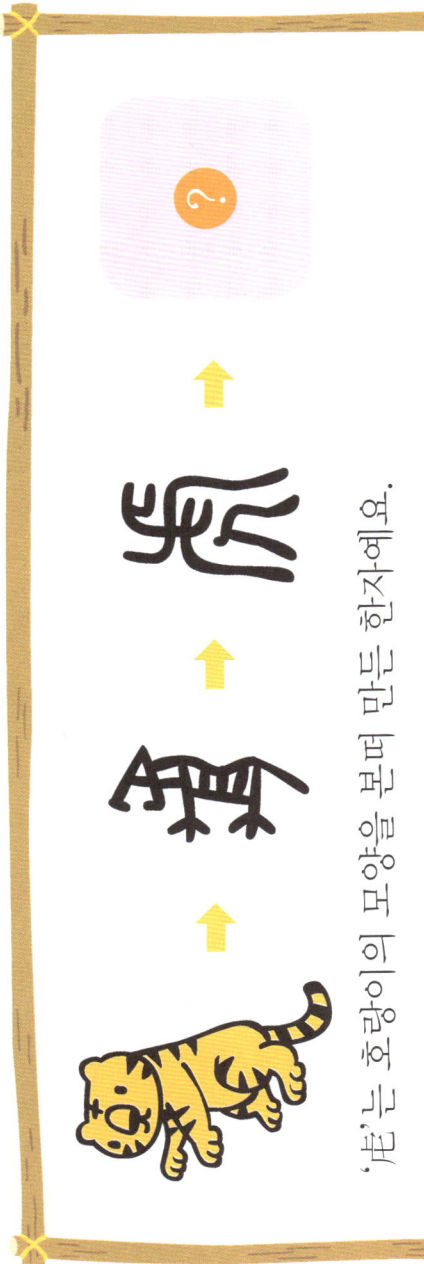

'虎'는 호랑이의 모양을 본떠 만든 한자예요.

뜻	소리
범	호

虎

'범'은 '호랑이'를 뜻하는 말이에요.

虎, 龍을 순서대로 따라 쓰세요.

虎
범 호

丨 ⺊ ⺊ ⺊ 扩 庐 庐 虎

龍
용 룡

丶 亠 立 产 育 育 青 青 青 龍 龍 龍 龍

월 일 이름

엄마와 함께 하루에 한 장씩
확인

엄마와 함께 하루에 한 장씩!

| 월 | 일 | 이름 | 확인 |

?에 알맞은 스티커를 붙인 뒤 魚, 貝를 알아보세요.

魚, 貝
물고기 어, 조개 패

조개 패

물고기 어

魚, 貝

읽어보기

빛깔 색깔하고 魚, 貝가 쓰인 이야기를 읽어 보세요.

바닷속 용궁에서 음악회가 열렸어요.
나비넥타이 물고기(魚)가 콜라텔라 노래를 불러요.
쌍둥이 조개(貝)는 공작공작 박자를 맞춰요.
구경하는 물고기(魚)와 조개(貝)들도
신이 나서 춤을 춰요.

월 일 이름

엄마와 함께 하루에 한 장씩!

확인

월	일	이름	엄마와 함께 하루에 한 장씩!
			확인

魚, 貝 자원한자

? 에 알맞은 스티커를 붙이고, 한자의 뜻과 소리를 따라 쓰세요.

↑

↑
↑

↑

'貝'는 조개의 모양을 본떠 만든 한자예요.

'魚'는 물고기의 모양을 본떠 만든 한자예요.

뜻	소리

뜻	소리

19

魚, 貝를 순서대로 따라 쓰세요.

魚 물고기 어

' ク 各 各 各 各 魚 , 魚 魚 魚 魚

貝 조개 패

丨 冂 冂 冃 目 貝 貝

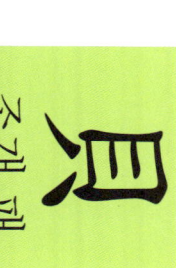

엄마와 함께 하루에 한 장씩!

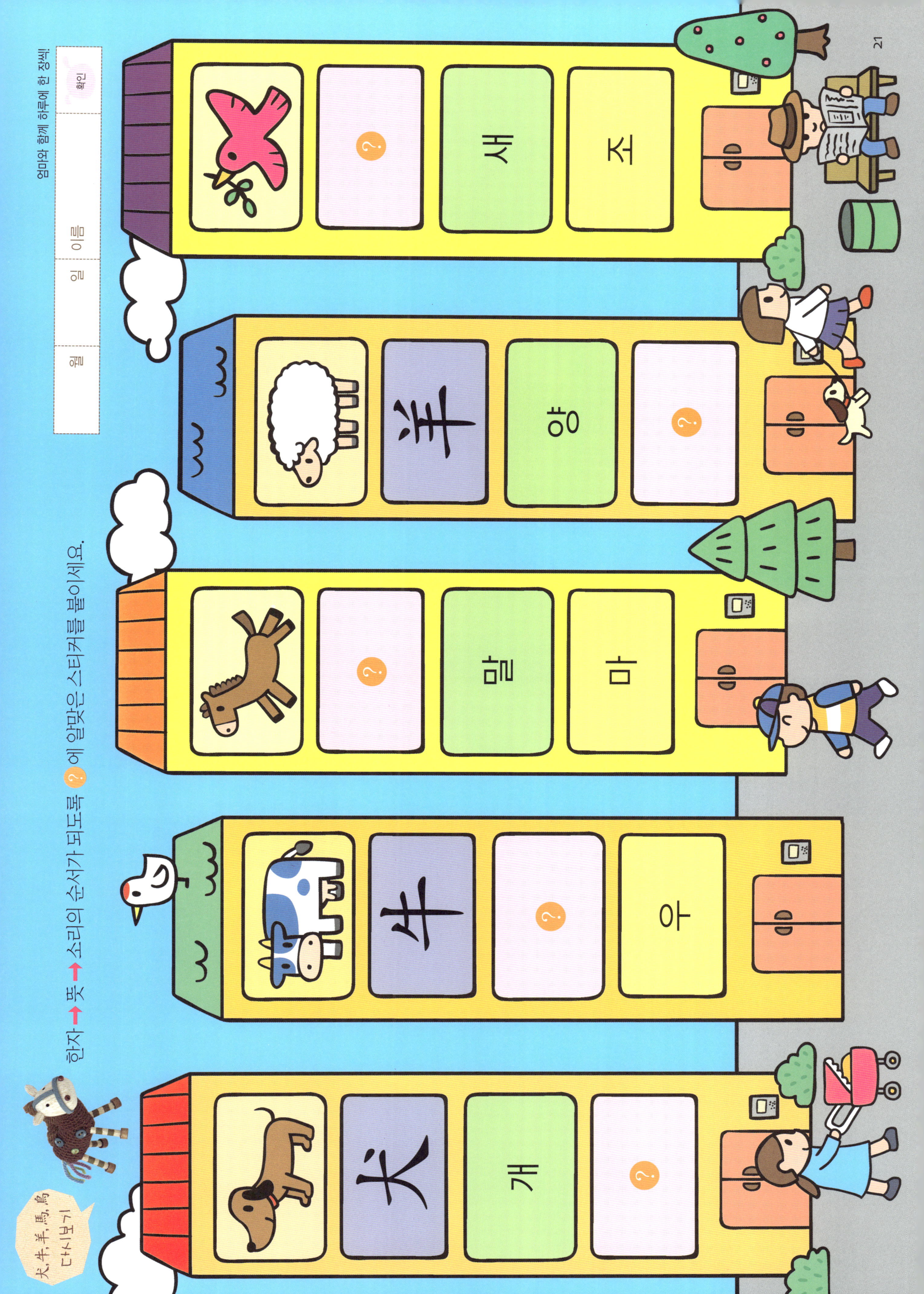

엄마와 함께 하루에 한 장씩!

| 월 | 일 | 이름 | 확인 |

한자가 친구를 만나 새로운 한자가 되었어요.
?에 알맞은 스티커를 붙이고, 어떤 한자가 만들어졌는지 알아보세요.

鳥 새 조 + 奚 어찌 해

奚(어찌 해)와 鳥(새 조)가 만나서 '닭'을 뜻하는 '鷄(닭 계)'가 되었어요.

羊 양 양 + 君 임금 군

君(임금 군)과 羊(양 양)이 만나서 '무리'를 뜻하는 '群(무리 군)'이 되었어요.

牛 소 우 + 攵 칠 복

牛(소 우)와 攵(칠 복)이 만나서 '치다, 기르다'를 뜻하는 '牧(칠 목)'이 되었어요.

한자가 친구를 만나 새로운 한자가 되었어요.
우리가 배운 한자를 찾아 순서대로 따라 쓰세요.

犬은 다른 한자와 함께 쓰일 때 犭으로 모양이 변하기도 합니다.

짐승 수

사나울 맹

牛가 소로 모양이 변할 때는 쓰는 순서가 달라집니다.

칠 목

물건 물

말탈 기

놀랄 경

학 학

울 명

鳥(새 조)가 들어 있는 한자는
'새'와 관련이 있어요.

엄마와 함께 하루에 한 장씩!

월   일   이름

확인

엄마와 함께 하루에 한 장씩

월	일	이름	확인

한자가 친구를 만나 새로운 한자가 되었어요.
? 에 알맞은 스티커를 붙이고, 어떤 한자가 만들어졌는지 알아보세요.

부록 스티커

鹿 사슴 록 + **丽** 나란할 려

鹿(사슴 록)과 丽(나란할 려)가 만나서 '곱다, 아름답다'를 뜻하는 '麗(고울 려)'가 되었어요.

貝 조개 패 + **才** 재주 재

貝(조개 패)와 才(재주 재)가 만나서 '재물'을 뜻하는 '財(재물 재)'가 되었어요.

魚 물고기 어 + **羊** 양 양

魚(물고기 어)와 羊(양 양)이 만나서 '곱다, 생선'을 뜻하는 '鮮(고울 선)'이 되었어요.

31

부수 모아

한자가 친구를 만나 새로운 한자가 되었어요.
우리가 배운 한자를 찾아 순서대로 바꿔 쓰세요.

魚(물고기 어)가 들어 있는 한자는
'물고기의 종류, 물고기를 가공하여
만든 것' 등과 관련이 있어요.

鯉 잉어 리

鮑 절인 어물 포

虍(범 호)가 들어 있는 한자는
'호랑이'와
관련이 있어요.

虎 범 호

處 곳 처

貝(조개 패)가 들어 있는 한자는
'재물이나
재화, 소유' 등과 관련이 있어요.

貨 재화 화

貧 가난할 빈

鹿(사슴 록)이 들어 있는 한자는
'사슴의 종류나 사슴과 유사한 동물'과
관련이 있어요.

麒 기린 기

麗 고울 려

엄마와 함께 하루에 한 장씩!

월 일 이름

확인

한자 쓰기

한자를 순서대로 따라 쓰세요.

| 鹿 사슴 록 | 虎 범 호 | 龍 용 룡 | 魚 물고기 어 | 貝 조개 패 |

| 犬 개 견 | 牛 소 우 | 羊 양 양 | 馬 말 마 | 鳥 새 조 |

엄마와 함께 하루에 한 장씩!

월 일 이름

엄마와 함께 보세요.

기초 부수자로 배우는 즐거운 漢字놀이
한자카드

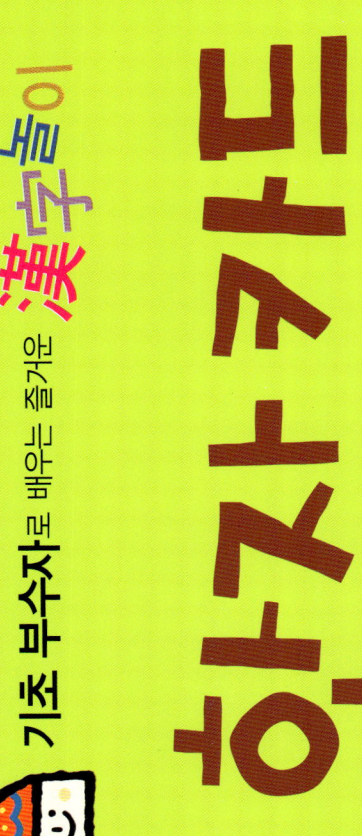

뜻	개
소리	견

기초한자 부수떼기 5과정

뜻	양
소리	양

기초한자 부수떼기 5과정

뜻	새
소리	조

기초한자 부수떼기 5과정

뜻	소
소리	우

기초한자 부수떼기 5과정

뜻	말
소리	마

기초한자 부수떼기 5과정

기초 부수자로 배우는 즐거운 漢字놀이

한자 카드

기초 부수자로 배우는 즐거운 漢字놀이 01

한자자카드

鹿	龍	貝
虎	魚	

뜻	뜻	뜻
짐승	용	조개
소리	소리	소리
축	룡	패
기초한자 부수떼기 5과정	기초한자 부수떼기 5과정	기초한자 부수떼기 5과정

뜻	뜻
벌레	물고기
소리	소리
충	어
기초한자 부수떼기 5과정	기초한자 부수떼기 5과정

기초부수자로 배우는 즐거운 漢字놀이

한자카드